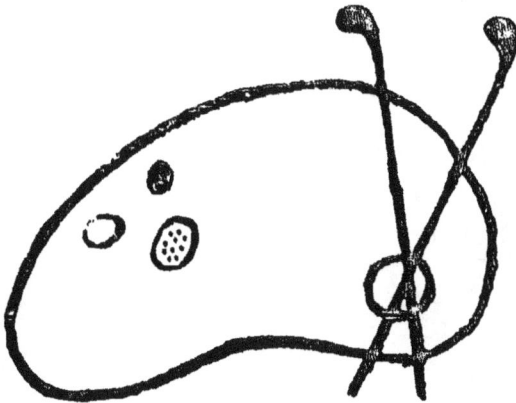

Début d'une série de documents
en couleur

COUVERTURES SUPERIEURE ET INFERIEURE D'IMPRIMEUR

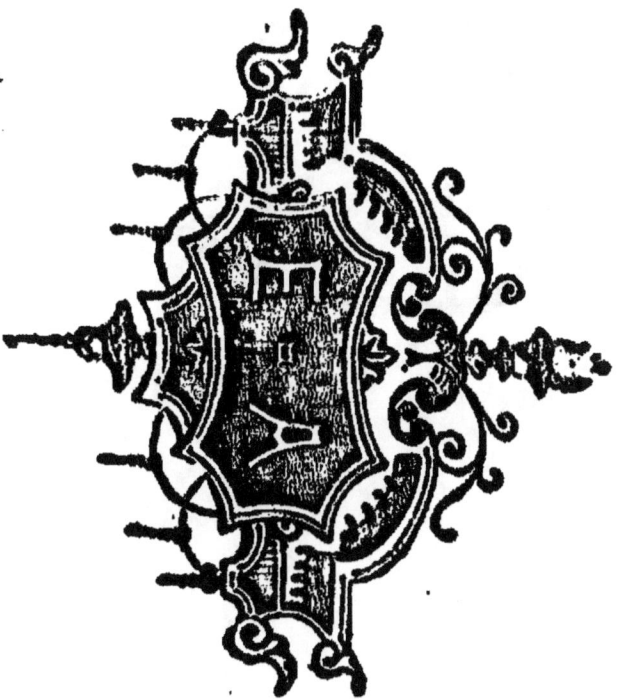

EUGÈNE ARDANT ET Cⁱᵉ, ÉDITEURS.

LIMOGES

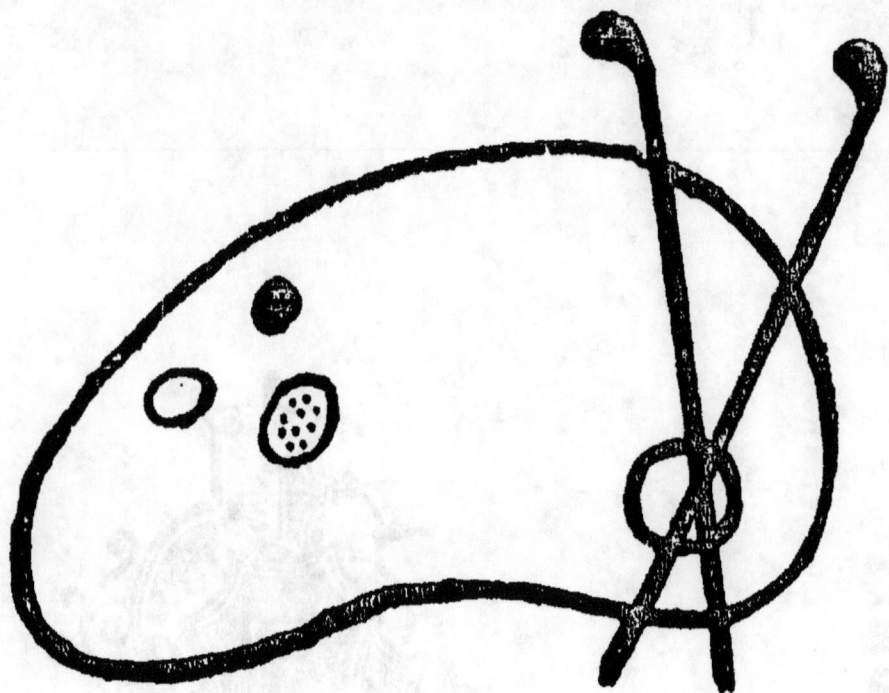

Fin d'une série de documents
en couleur

M. PERROQUET

5ᵉ SÉRIE IN-18

LUDOVIC. (P. 8.)

M. PERROQUET

PAR

Frédéric SOULIÉ

—

SIX GRAVURES

—

LIMOGES

EUGÈNE ARDANT ET Cᵒ.

ÉDITEURS

M. PERROQUET

M. de Vintimil possédait près de Charenton, à quelques lieues de Paris, une belle maison de campagne, où il recevait beaucoup de monde. C'était son plus grand plaisir, et il mettait tant de soin dans le choix des personnes qu'il invitait, tant de bonne grâce dans l'accueil qu'il leur faisait, qu'on citait partout la société qui s'assemblait chez lui, comme une des plus charmantes réunions qui existassent, et sa maison comme une école d'esprit et de politesse. M. de Vintimil était un riche banquier, la plupart du temps occupé d'affaires de la plus haute importance, et qui n'avait d'autre délassement que les heures d'entretien intime qu'il passait au milieu de ses amis. M. de Vintimil était veuf et n'avait qu'un fils qui s'appelait Ludovic. Il avait confié son éducation à un professeur, très savant et très capable d'enseigner tout ce qu'il savait; mais le pauvre professeur, une fois sorti de ses livres et de sa science, n'entendait pas grand'chose aux usages du monde et n'était guère propre à former le caractère ou à polir les manières d'un enfant. Du moment que Ludovic avait fait ses devoirs et qu'il avait récité sans faute les beaux passages qu'il lui faisait apprendre, le père Honoré, comme l'appelaient les domestiques, était satisfait. Et toutes les fois que M. de Vintimil lui demandait où en étaient les progrès de son fils, il se répandait en éloges flatteurs sur son compte. En effet, Ludovic était un garçon fort studieux et plein d'intelligence, et son père avait, sous ce rapport, raison d'en être heureux et fier. Mais cette bonne qualité de Ludovic était plutôt un malheur qu'autre chose, car elle servait à cacher des défauts qui en faisaient pour tous les autres un enfant insupportable. Ainsi, il était insolent, querelleur, et, par-dessus tout, curieux et bavard à l'excès. Les domestiques n'osaient se plaindre, et les amis de M. de Vintimil, qui le voyaient prévenu en faveur de son fils par les rapports du père Honoré, craignaient de lui faire du chagrin en le désabusant. Ils espéraient que l'âge corrigerait Ludovic, et se taisaient en attendant. Mais leur indulgence, mal appréciée par le petit bonhomme, ne servit qu'à laisser développer plus activement en lui ses méchantes inclinations.

Ainsi, dans le parc, Ludovic se glissait le long des charmilles, ou se rencognait dans un massif, et de là il écoutait tout ce qui se disait, et puis il n'avait rien de plus pressé que d'aller le répéter; et il arrivait qu'une plaisanterie innocente ou une réflexion un peu brusque faite dans un moment de gaîté ou d'humeur, devenait des sujets de discussions aigres, et quelquefois de brouilleries sérieuses. Dans d'autres circonstances, il se cachait derrière les portes, et là, l'oreille au guet, l'œil appliqué sur le trou de la serrure, il épiait tout le monde aux heures où chacun se croit en sûreté dans son intérieur.

Il avait remarqué qu'un certain baron de Lallois, auquel M. de Viutimil devait l'origine de sa for-

tune, et qui passait ordinairement
tous les étés chez son père, s'enfermait quelquefois tout seul dans
sa chambre et y demeurait assez
longtemps. M. de Lallois était un
ancien émigré qui avait perdu toute
sa fortune et que M. Vintimil ac-
cueillit avec d'autant plus de dis-
tinction qu'il savait qu'il était pauvre. Les domestiques avaient même
reçu l'ordre formel de lui obéir
avec plus d'empressement et de
respect qu'à toute autre personne;
car il faut que vous sachiez, mes
enfants, que le malheur est une
meilleure recommandation envers
les cœurs sensibles, que la plus
haute fortune, et que la délicatesse
qu'on met à offrir un bienfait est

souvent plus précieuse pour celui qu'on oblige que le bienfait lui-même. Par exemple, ce que le baron de Lallois aimait dans la généreuse hospitalité qu'il recevait de M. de Vintimil, c'est que tout le monde ignorait qu'il en eût besoin. Cet excellent homme poussait même l'attention jusqu'à sauver au vieux baron les moments d'embarras où souvent on le mettait sans intention. Ainsi, lorsque quelqu'un proposait à M. de Lallois une partie de trictrac ou de whist, qui se trouvait trop chère pour ses moyens, M. de Vintimil lui épargnait le désagrément d'un refus, en s'écriant à propos :

« Non! non! je garde le baron

pour moi, il s'est engagé à faire
ma partie d'échecs ce soir. »

Et comme la partie d'échecs
était intéressée d'un petit écu seulement, et que le baron y était in-
contestablement plus fort que M. de
Vintimil, le baron y gagnait deux
choses : d'abord le petit écu, ce
qui n'en valait pas la peine, et puis
le plaisir de dire, en se frottant les
mains :

« Ce brave Vintimil, il s'est bien
défendu, mais il n'est pas de force,
je l'obligerai à en convenir. »

Puis il racontait à chacun le
coup admirable qui avait décidé la
partie, et ce plaisir était bien grand
pour le baron.

Mais revenons à ce que je vous

disais que M. de Lallois s'enfermait souvent dans sa chambre. Ludovic seul ne l'avait pas remarqué; mais personne ne s'en était inquiété. Il n'en fut pas ainsi de notre curieux, et il fit si bien qu'il parvint à découvrir le secret des retraites du baron, un jour qu'il avait annoncé au salon qu'il ne descendrait que pour dîner. A peine Ludovic eut-il entendu cette parole, que le voilà qui grimpe les escaliers quatre à quatre et qu'il entre comme un petit voleur dans la chambre de M. de Lallois. Il y cherche en grande hâte une cachette, et n'en trouvant pas de convenable, il se jette tout essoufflé sous le lit, en entendant monter lentement le vieil ami de son père.

Le baron arrive, et, à là grande joie de Ludovic, il ferme sa porte avec soin, tire le verrou, et, comme il connaissait mieux que personne la curiosité du petit drôle, il masque le trou de la serrure avec une feuille de papier. Tant de précautions, tout en assurant le petit curieux qu'il allait enfin voir ce qu'il désirait si vivement, l'alarmaient cependant, car il commença à craindre qu'il ne se passât quelque chose d'extraordinaire.

Bientôt il vit M. de Lallois ouvrir son secrétaire et en tirer une petite boîte qu'il ouvre à son tour avec une petite clef qu'il portait suspendue à la chaîne d'acier de

ENFIN LA BOITE S'OUVRE. (P. 17.)

2

sa vieille grosse montre d'argent.
A ce moment, la crainte et la curiosité de Ludovic étaient excitées au
plus haut point, car il supposait
en même temps que ce que contenait la boîte devait être bien pré-
cieux, et, d'un autre côté, il avait
remarqué qu'elle avait résonné
quand le baron l'avait posée sur la
table, comme si elle contenait des
instruments de fer.

Enfin la boîte s'ouvre, et Ludovic, à son grand étonnement, en
voit tirer une paire de ciseaux, un
étui et deux ou trois pelotons de
fil ou de soie. Le baron en choisit
un, et sa figure marque le plus vif
désappointement, lorsqu'il s'aperçoit qu'il ne lui reste plus une

demi-aiguillée de soie noire. Il se
gratte le front, il tourne et retourne
tout ce qui se trouve sur la table et
n'en devient pas plus riche. Enfin,
après bien des hésitations, il se
décide à prendre une aiguillée de
fil blanc, et, d'un air profondé-
ment triste, il déboutonne sa vieille
culotte et l'ôte tout à fait, puis il
s'assied devant sa table, et, après
avoir longtemps considéré sa culotte et son fil en secouant pensi-
vement la tête, il se met à l'ouvrage et raccommode le mieux
qu'il peut un accroc assez mal
placé, et qu'il s'était fait en s'as-
seyant sur une chaise de jardin
dont un clou dépassait.

La reprise finie, il remet sa culotte et voit avec satisfaction que les plis du pan de l'habit couvraient parfaitement la couture, et que personne ne s'apercevra de l'accident et ne devinera qu'il n'a pas le moyen de changer de vêtement.

L'heure du dîner sonne. M. de Lallois quitte sa chambre, et Ludovic après lui, riant en lui-même de la vieille culotte du baron, et se promettant bien d'en faire rire les autres. Mais le dîner commença avant qu'il eût trouvé personne à qui faire sa confidence. Bientôt la conversation s'engage et l'on parle de diverses choses. Tout à coup, au milieu d'une discussion sur la conduite d'une personne qui se croyait bien adroite, et dont per-

sonne cependant n'était la dupe,
voilà le baron qui prend la parole,
et qui, se servant d'une tournure
de phrase assez usitée en pareille
circonstance, dit à son voisin :

« Bah! tout ça, mon cher, ce
sont des finesses cousues de fil
blanc.

— Tiens! tiens! c'est comme
votre culotte! s'écria Ludovic aussitôt. »

A ces mots le baron rougit, et
tout le monde s'étonne. M. de Vintimil qui causait avec une autre
personne, et qui n'avait pas entendu la réflexion de Ludovic, ne
pût le faire taire que lorsque le
bavard en a déjà assez raconté pour
que l'on comprenne ce dont il s'a-

git. Tous les regards se tournent vers le malheureux vieillard, qui, les yeux fixés sur son assiette, semblait dévorer son humiliation.

Cependant, il essaie de se remettre; mais, se voyant ainsi l'objet de l'attention générale, il se trouble davantage; il veut détourner le coup par une plaisanterie et balbutie. Enfin, le cœur gonflé, il se lève de table; et malgré lui, en s'éloignant, il essuya avec sa serviette une larme prête à s'échapper de ses yeux.

M. de Vintimil gronda sévèrement Ludovic de son indiscrétion et lui ordonna de courir après M. de Lallois et de lui demander pardon. Mais il n'était plus temps.

et le concierge dit à M. de Vintimil, qui le cherchait aussi de son
côté, qu'il venait de sortir ayant
sa canne et son chapeau, et qu'il
lui avait donné deux louis pour les
remettre aux domestiques. C'était
peut-être le fruit de longues priva-
tions que le pauvre baron venait
de sacrifier pour une plaisanterie
de M. Ludovic. C'était bien plus,
mes enfants, car il ne reparut plus
au château, quelques instances
qu'on fit près de lui.

Cette aventure aurait dû corriger
notre curieux, car il avait blessé
d'un coup, grâce à ses vilains défauts, les deux choses les plus res-
pectables de la terre, la vieillesse
et la pauvreté. Faire rougir un

vieillard! humilier un pauvre! Si,
par inattention, ce malheur m'arrivait, je leur en demanderais pardon à deux genoux devant tout le
monde. Mais, hélas! le vice était
trop enraciné dans l'âme de Ludovic pour qu'il se corrigeât si
facilement, et d'ailleurs M. de Vintimil, en déplorant ce qui était
arrivé, crut que ce n'était qu'une
étourderie et finit par pardonner.
Mais il eut bientôt à se repentir
pour lui-même de ne pas avoir
corrigé sévèrement le curieux.
Quelque temps après ce que nous
venons de raconter, on parlait
beaucoup, dans le salon de M. de
Vintimil, d'une très grosse affaire
où il pouvait gagner énormément;

mais, pour l'entreprendre, il devait s'associer avec un autre banquier qui fournissait beaucoup d'argent. Ce banquier s'appelait M. Didenol et était beaucoup plus riché en écus qu'en esprit. Un jour que M. de Vintimil avait discuté avec lui et d'autres intéressés comment il fallait prendre cette fameuse affaire, M. Didenol se retira, sans que personne eût pu lui faire comprendre une opération fort simple et dont chacun reconnaissait l'utilité. Dès qu'il fut parti, chacun se récria sur le désagrément qu'il y avait à faire des affaires avec des gens bornés comme ce Didenol : chacun disait son mot. M. de Vintimil lui-même ne put s'empêcher de les approuver car, il leur dit en les rassurant un peu :

« Il est vrai que ce pauvre Didenol n'a pas inventé la poudre, mais il doit revenir demain, et j'espère le convaincre, car sans lui nous ne pouvons rien. »

Ludovic, qu'on avait oublié dans un coin et qui avait entendu toute cette discussion, n'y avait rien compris, et il avait encore moins compris la phrase de son père, car il ne savait pas qu'on dit vulgairement d'un homme sans esprit ni jugement, qu'il n'a pas inventé la poudre.

Le lendemain venu, M. Didenol arrive et attend au salon que M. de Vintimil descende. Ludovic était à son poste, car dès qu'il entendait sonner le timbre de la grille qui annonçait l'arrivée d'un étranger, il ne manquait jamais d'accourir pour connaître le nouvel arrivant, il ne voit pas plutôt M. Didenol, qu'il se félicite de la rencontre et qu'il s'écrie :

« Ah! tiens : c'est bon, M. Didenol va me dire ça.....

— Que voulez-vous que je vous dise, mon petit ami? reprit le banquier, en l'embrassant et en le mettant sur ses genoux.

— Je voudrais que vous me disiez quelque chose qui me paraît bien drôle, répondit Ludovic en le regardant d'un air malin.

OUI, PAPA A DIT ÇA. (P. 27.)

— Qu'est-ce que c'est? dit M. Didenol.

—Savez-vous, demanda Ludovic, savez-vous qui est-ce qui a inventé la poudre? »

M. Didenol, très surpris à cette question, répondit en souriant :

« C'est un moine espagnol, je crois... Mais pourquoi me demandez-vous ça?

— Ah! c'est que papa disait hier que ce n'était pas vous, répond Ludovic en se dandinant comme s'il eût fait un chef-d'œuvre.

— Ah! votre papa a dit ça! reprit M. Didenol en se levant d'un air piqué.

— Oui, papa a dit ça.

— C'est bien, c'est bien! mur-

mura le banquier dans ses dents;
et tout aussitôt il sortit du château
sans attendre M. de Vintimil, qui
eut beau s'informer de la cause du
départ de son associé. Il s'apprêtait
à lui écrire, lorsqu'il reçut le petit
billet suivant :

« MONSIEUR,

» Je n'ai pas inventé la poudre,
c'est vrai ; mais je ne suis pas encore assez sot pour m'associer avec
des gens qui me traitent comme
une perruque.

« Je suis votre serviteur. »

M. de Vintimil ne comprenait
rien à cette lettre, lorsqu'à force de
questions il finit par apprendre que

M. Didenol était resté soul avec Ludovic dans le salon ; il se rappela alors ses propres paroles de la veille, et il fut assuré que c'était à son fils qu'il devait la perte d'une magnifique affaire.

Cette fois, la correction fut plus sérieuse que la première, mais il était réservé aux défauts de Ludovic d'amener encore de plus grands malheurs. Et ce fut un bien triste événement qui le corrigea.

Ainsi Ludovic, par sa sotte indiscrétion, avait déjà fait perdre à son père un vieil ami et une très belle affaire. Avant d'aller plus loin, il est bon de vous dire, mes amis, que les défauts ont cela d'affreux chez les enfants, de même que chez les hommes, que du moment qu'on ne les détruit pas ils ne font que croître, comme les mauvaises herbes dans les jardins. Ainsi Ludovic, qui d'abord était curieux et bavard, devint espion et rapporteur ; ensuite il arriva que, comme tout le monde se cachait de lui, il devint méchant, et qu'il inventait des histoires lorsqu'il ne pouvait rien découvrir. Il était devenu le fléau de la belle société de son père; chacun craignait de parler devant lui, sûr que ses paroles seraient redites à tout le monde, sinon envenimées. Il avait failli faire battre en duel deux commis de M. de Vintimil, parce que l'un d'eux avait dit à propos de son camarade, qui était gros, court et joufflu, et qui devait se marier avec une demoiselle grande et mince : « Il me semble voir un potiron qui épouse une asperge. »

Ludovic avait entendu cette plaisanterie, et n'avait pas manqué d'aller la raconter tout de suite à l'autre commis ; et, sans l'intervention de M. de Vintimil qui fut averti à propos, l'affaire serait devenue très grave.

Enfin c'étaient tous les jours de nouveaux traits, et M. de Vintimil, malgré sa tendresse pour son fils, se résolut à s'en séparer et à le mettre dans un collége, comptant bien que les bonnes corrections que ne lui épargneraient pas ses camarades finiraient par le corriger.

Il était venu dans cette intention
à Paris, espérant laisser Ludovic
tout seul à la campagne. Il est inu-
tile de vous dire qu'aussitôt le départ de son père, Ludovic se prit à
tout retourner dans la maison. Il
était fort occupé à ce soin, lorsque
arrive tout à coup un homme à che-
val qui demande M. de Vintimil, et
qui veut absolument lui remettre
une lettre très pressée. Au bruit que
fait cet homme, Ludovic accourt et
s'informe de ce qui se passe ; et,
sur ce qu'il assure que son père
rentrera avant deux heures, le courrier consent, après bien des con-
testations, à laisser la lettre. Voici
donc notre curieux en possession
d'une lettre bien importante ; il la

PUIS IL PREND LA LETTRE, L'EXAMINE
(P. 33.)

prend, l'emporte dans le salon, la
jette d'abord sur la table et se met
à lire près d'une croisée. Cependant,
de temps en temps il regarde la lettre du coin de l'œil, puis il jette
son livre et tourne autour de la table, puis il prend la lettre, la pose,
l'examine, la repose, la reprend encore; puis il l'entr'ouvre un peu, s'a-
perçoit qu'on peut en lire quelque
chose, et enfin, enfin.... il se décide
à ouvrir la lettre qui n'était cachetée que très légèrement. Oui, mes
enfants, il ouvrit la lettre, et vous
saurez qu'une telle action est un
crime. Aux yeux d'un homme
d'honneur, une misérable feuille
de papier fermée par un petit mor-
ceau de cire est un asile plus im-

pénétrable qu'une forteresse, et un secret confié au papier y est plus en sûreté que dans un coffre de fer fermé de vingt cadenas. Mais la curiosité fait oublier tous les bons sentiments. Donc Ludovic ouvrit la lettre, et voici ce qu'il lut :

« MONSIEUR,

» Hâtez-vous d'envoyer chercher le jeune Richard, votre filleul : le médecin de notre établissement a déclaré qu'il était atteint d'une manière mortelle, mais que, par des soins persévérants, on arriverait à prolonger son existence. Ces soins pourront lui être plus facilement prodigués chez vous que dans notre maison, et j'ai cru devoir vous en avertir sur-le-champ.

» J'ai l'honneur d'être, etc....
» M....

» *Chef de l'Institution des Sourds-Muets.* »

Ce Richard était le fils d'un fermier de M. de Vintimil ; et ce pauvre garçon, né sourd-muet, était élevé aux frais de son parrain qui en prenait le plus grand soin. Il faut dire, à l'honneur de Ludovic, qu'il fut très affecté de la nouvelle qu'il venait d'apprendre. Cependant il referma la lettre, et vers le soir il voit arriver la voiture de son père ; mais il s'aperçoit qu'elle vient seu-

lement au pas, et que M. de Vintimil marche à pied bien loin en ar-
rière, en causant avec son médecin,
M. Lambert. Ludovic, toujours curieux, s'élance dans l'avenue, et,
arrivé près de la voiture, il demande
au cocher ce qu'il y a de neuf. Celui-ci lui répond que c'est le petit
Richard qui est très malade, et que
M. de Vintimil, qui en avait été
averti la veille à Paris, ramène
avec lui. Ludovic continue sa
course, et arrive près de son père
au moment où M. Lambert lui
disait :

« Non seulement on peut le faire
vivre longtemps, mais encore on
peut le sauver, pourvu qu'il n'é-
prouve aucune émotion violente, et

surtout qu'il ignore son danger.

— Ah! tant mieux! s'écrie Ludovic étourdiment, ce M. M... qui écrivait à papa qu'il en mourrait, ça me faisait peur. »

Il n'eut pas plus tôt dit ces mots, qu'il s'aperçut, au regard terrible de son père, qu'il s'était dénoncé lui-même sans s'en douter

« D'où savez-vous que M. M... m'a écrit? lui dit M. de Vintimil d'une voix sévère.

— Papa, c'est qu'il est venu un courrier, répondit Ludovic en balbutiant; oui... le courrier est venu avec sa lettre... et puis c'est le courrier qui vous a dit... Voyez-vous, papa, il y a ..

— Il y a, reprend M. de Vintimil,

que vous êtes un petit malheureux, que vous avez lu une lettre qui était adressée à votre père ! Rentrez, Monsieur ; envoyez-moi cette lettre, et que je ne vous revoie que quand je vous ferai appeler. »

Ludovic, plus mortifié d'avoir été ainsi traité que malheureux de sa faute, retourne au château, prend la lettre sur une table, et la chiffonne avec colère, en laissant échapper des malédictions contre le pauvre Richard. Enfin il voit la voiture s'arrêter, et, avant d'aller s'enfermer dans sa chambre, il va à l'office, y trouve un domestique, et lui dit brutalement :

« Tenez, portez ça à mon père. »

Le domestique, étonné, lui répond :

« Où donc est-il, M. votre père, que vous n'y allez pas vous-même?

— Est-ce que je sais? répondit Ludovic d'un air insolent. Il est avec son petit Richard. Tenez, vous dis-je, portez-leur cette lettre : ça les regarde tous les deux. »

Le domestique, fort surpris, prend la lettre qui, mal cachetée, s'était ouverte pendant que Ludovic la chiffonnait. Il va dans la chambre où l'on avait transporté Richard et n'y trouve point M. de Vintimil, qui recevait de M. Lambert les instructions sur les soins à prendre du malade. Le domestique n'avait pas trop compris ce que lui avait dit Ludovic; mais il avait entendu que la lettre concernait Richard; il s'approche donc du malade et la lui présente. Celui-ci la prend, et un éclair de joie brille dans ses yeux, quand il reconnaît l'écriture de M. M... Mais il lit l'adresse, et du geste il demande au domestique si c'est véritablement pour lui. Le domestique, se rappelant seulement les derniers mots de Ludovic, ou peut-être comprenant mal le langage du muet, lui répond affirmativement, et Richard, en voyant la lettre décachetée, s'imagine que c'est M. de Vintimil qui la lui envoie, et il se met à lire. A peine arriva-t-il à la dernière ligne qu'il pousse un cri terrible et qu'il tombe presque évanoui. M. de Vintimil accourt, ainsi que M. Lambert. Ils interrogent le domestique qui, tout étourdi, raconte ce que lui a dit Ludovic, ce qu'il a fait et ce qui est arrivé.

Dans son désespoir, M. de Vintimil s'écrie :

« Ah! le malheureux l'a assassiné! misérable Ludovic!... Ah! je n'avais pas mérité le malheur d'avoir un pareil enfant. »

Le pauvre domestique, épouvanté, veut prendre sur lui une partie de la faute; mais M. de Vintimil, tout en déplorant sa maladresse, reconnaît que c'est à la méchanceté de Ludovic qu'est dû cet accident. Il s'emporte contre

son fils, et il veut chasser le petit
misérable de sa maison et ne plus
le revoir. Enfin, M. Lambert le
console un peu, et, à force de
soins, on fait revenir à lui le petit
Richard. Mais le pauvre sourd-
muet, jusque-là si confiant, si in-
telligent sur tout ce qu'on lui demandait, demeura immobile, les
yeux baissés sur son lit. Le médecin lui montre la lettre, en lui
faisant signe qu'elle ne signifie
rien, et il la déchire et la jette à
terre, pour lui faire entendre qu'il
n'y faut pas faire attention. Mais
Richard sourit tristement à toutes
ces démonstrations, et de grosses
larmes tombent de ses yeux. C'est
en vain qu'on s'empresse autour

de lui, il demeure insensible à toutes ces marques d'intérêt. Cependant M. de Vintimil fait appeler le père Honoré. Ce digne et savant professeur n'était étranger à aucune connaissance, et il savait suffisamment la langue des muets pour se faire comprendre. D'après l'ordre de M. de Vintimil, il explique au pauvre Richard que le médecin de l'institution s'est trompé, et que sa guérison est certaine, s'il veut suivre les conseils de M. Lambert. Mais le malade, frappé de ce qu'il a lu, croyant qu'on veut le tromper, répond seulement au père Honoré :

« J'aime mieux mourir tout de suite. »

Et le père Honoré traduisait ces paroles à M. de Vintimil qui pleurait dans un coin. Cependant la journée se passe sans que le malade veuille rien prendre. M. de Vintimil fait venir Ludovic, et alors il lui fait voir toute l'horreur de sa faute; il l'accable des reproches les plus cruels. Ludovic tombe à genoux devant son père; mais celui-ci demeure inflexible et ne lui pardonne pas.

« Vous l'avez tué, Monsieur, lui répète-t-il sans cesse d'une voix terrible. Vous avez été plus lâche et plus cruel qu'un assassin; car l'assassin expose sa vie en commettant son forfait, et il ne fait pas souffrir sa victime. Mais vous, c'est

SORTEZ, VOUS N'ÊTES PLUS MON FILS
(p. 45.)

d'un mot que vous avez fait ce crime, et le supplice du pauvre Richard durera bien longtemps : le malheureux éprouvera le tourment de la mort à toutes les heures, à toutes les minutes, car, grâce à vous, il sait qu'il doit mourir. Sortez, vous n'êtes plus mon fils.»

Ludovic se retira le cœur brisé. Il s'en alla dans la maison, mais tout le monde se reculait de lui à son aspect, et chaque fois qu'il rencontrait quelqu'un, il entendait murmurer ce mot terrible :

« C'est lui qui l'a tué! »

Mais ce supplice n'était rien, car M. de Vintimil le fit appeler le lendemain matin; et, le plaçant en face du lit du pauvre Richard, il lui

dit en lui montrant son visage pâle
et souffrant :

« Voilà votre ouvrage, Monsieur. »

Ludovic eut beau pleurer et demander pardon, son père n'écouta
rien. Tous les jours, il le prenait et
l'entraînait dans cette triste chambre, et, lui montrant Richard qui
dépérissait, il lui répétait ce mot
cruel :

« Voilà ce que vous avez fait.
Regardez, voilà votre ouvrage! »

A son tour, Ludovic devint bien
malheureux, car il ne pouvait plus
se cacher que Richard allait mourir bientôt. M. Lambert avait quelquefois obtenu du malade de pren-

dre les remèdes qu'il lui indiquait ; mais Richard le faisait avec répugnance et d'une manière si peu réglée qu'ils ne faisaient que peu d'effet. D'ailleurs, il manquait de confiance et de courage, et c'est un grand remède que la confiance et la bonne volonté de se guérir. Chaque jour la maladie empirait, et M. de Vintimil avait annoncé à son fils qu'il le rendrait témoin de la mort de son camarade.

« Oui, lui avait-il dit, je vous attacherai au pied de son lit de mort pour que vous entendiez ses derniers soupirs, pour que vous voyiez sa vie s'en aller, et je vous ferai toucher son cadavre, afin que ce spectacle vous déchire le cœur et se grava dans votre souvenir jusqu'à la fin de vos jours. »

Ludovic était désespéré. Plusieurs fois, il avait voulu se rapprocher du lit de Richard, mais on l'en avait chassé avec horreur. Cependant on remarqua bientôt qu'il s'enfermait des heures entières tout seul ou avec le père Honoré.

Un matin, on vint annoncer à M. de Vintimil que Richard avait passé une très mauvaise nuit, et qu'il se refusait à prendre le remède qu'avait ordonné M. Lambert. M. de Vintimil court chez Richard, il trouve le père Honoré qui suppliait vainement le malade dont le signe répondait sans cesse :

« Puisqu'il faut que je meure,

j'aime mieux mourir tout de suite.

— Ah! grand Dieu! s'écria M. de Vintimil, c'est une suffocation. Le pauvre malheureux est mort dans une heure, s'il refuse! »

A ces mots, Il entend des sanglots déchirants à côté de lui, et voit Ludovic à genoux au pied du lit.

« Voilà votre ouvrage! lui dit son père, vous l'avez tué !!!

— Ah! Dieu! reprend Ludovic avec un accent singulier, je le sauverai ou je mourrai avec lui. »

Et tout aussitôt il s'élance auprès du lit de Richard qui lui sourit doucement. Mais quelle est la surprise de M. de Vintimil en voyant le malade devenir très attentif à un

signe de Ludovic ! M. de Vintimil
veut l'arrêter, mais le père Honoré
lui dit tout bas de le laisser faire;
et il lui explique alors ce que Ludovic disait à Richard dans le langage expressif des muets.

« Grâce, Richard ! C'est moi qui
te tue ; c'est moi qui t'ai envoyé la
lettre qui disait que tu devais mourir, tandis que je savais que c'était
un mensonge. Depuis ce temps
mon père m'a maudit, et tu vois
que je suis bien malade ; aussi, si
tu meurs, je mourrai. Mais si tu
veux consentir à te guérir, je t'ai-
merai comme un frère, non pas
parce que tu me sauveras avec toi,
mais parce qu'alors, peut-être, mon
père me pardonnera. »

GRACE! GRACE! GUÉRIS-TOI. (P. 51.

Puis, Ludovic, tombant à genoux, ajouta avec un geste animé :

« Grâce ! grâce ! guéris-toi. »

Richard, qui avait compris tout ce que Ludovic lui avait dit, prit, pour toute réponse, la tasse qui était près de lui et qui renfermait la potion qui devait le calmer et qu'il avait refusée, et la but d'un seul trait.

Alors le père Honoré expliqua à M. de Vintimil comment Ludovic avait passé les nuits et les jours à apprendre le langage des muets, pour demander ainsi pardon à Richard. Depuis ce moment, les soins du médecin, secondés par la bonne volonté du malade, eurent leur plein effet. Ludovic s'établit au chevet de Richard, il lui servait d'interprète et de garde-malade; et, au bout d'un mois, le pauvre sourd-muet était hors de tout danger.

M. de Vintimil, bien qu'il fût content en lui-même de la conduite de son fils, ne lui avait pas encore adressé la parole. Enfin, le matin où M. Lambert annonça que Richard était sauvé, M. de Vintimil, incapable de parler, tant son émotion était grande, tendit les bras à son fils qui s'y précipita avec transport.

Je ne saurais vous dire quel fut le plus heureux, de Ludovic ou de son père, quoique je sache que c'est un affreux supplice pour un

père que d'être privé des caresses
de son enfant; mais, ce que je peux
vous assurer, c'est que Ludovic ne
fut plus curieux ni bavard.

FIN.

Limoges. — Imp. E. Ardant et C°.

Original en couleur

NF Z 43-120-8

DE CHATEAUBRIAND

PRÉCÉDÉES D'UNE NOTICE SUR SA VIE ET D'UNE ANALYSE

DE SES OUVRAGES.

PAR

A. DE SOLIGNAC.